SOUVENIRS
DE
LA MISSION
DONNÉE A BRIOUDE
PAR LES RR. PP. CAPUCINS
PENDANT L'AVENT DE 1861.

Se vend 10 centimes au profit des pauvres.

BRIOUDE, IMPRIMERIE-LIBRAIRIE DE L. GALLICE.
1862

SOUVENIRS

DE

LA MISSION

DONNÉE

A BRIOUDE PAR LES RR. PP. CAPUCINS,

pendant l'avent de 1861.

Le 24 du mois de novembre dernier, M. Redon, curé de Brioude, annonçait du haut de la chaire, à ses paroissiens, qu'il allait prochainement les faire jouir du grand bienfait d'une mission ; et cette annonce était accueillie de tous les auditeurs et de presque tous les habitants de cette cité, avec de vifs sentiments de reconnaissance et d'admiration pour le généreux pasteur qui ne recule devant aucun sacrifice pour le salut de sa paroisse. Ce n'était pas la première fois, il est vrai, que l'on entendait, de sa bouche, une annonce de ce genre. Car depuis qu'il est à la tête de la paroisse de Brioude, c'est-à-dire, durant un court espace de quinze ans, il a procuré plusieurs fois à ses chères ouailles l'insigne faveur de prédications extraordinaires, pour lesquelles il a toujours eu soin de choisir des orateurs aussi remarquables par leurs talents que par leur solide piété. Mais comme ces diverses stations n'avaient pu, pour différentes causes, se prolonger autant qu'il eût été nécessaire, M. Redon avait à cœur de donner, le plus tôt possible, à sa paroisse, une mission *dans toutes les règles,* si l'on peut s'exprimer ainsi.

Or, pour cela, il fallait non-seulement s'imposer des dépenses considérables, mais encore trouver des missionnaires assez nombreux et assez puissants par la parole pour impressionner vivement leurs auditeurs. Il convenait surtout que de tels missionnaires eussent quelque chose de vraiment populaire et de sympathique au pauvre comme au riche, à l'artisan et au cultivateur aussi bien qu'à l'homme placé plus haut dans l'échelle sociale. Comme les RR. PP. Capucins remplissent tous parfaitement cette dernière condition, grâce à leur extérieur si touchant de pénitence et de pauvreté, c'est à eux que M. le Curé a jugé à propos de s'adresser pour évangéliser sa paroisse ; et l'on peut dire que les missionnaires, choisis et envoyés par le R. P. provincial, étaient bien propres à remplir, aussi pleinement que possible, les espérances de M. Redon. L'un d'eux, le Père Dominique était déjà avantageusement connu de toute la population de Brioude, à laquelle, trois ans auparavant, il avait prêché, durant quinze jours, une station dont les heureux résultats avaient été fort remarquables. Aussi tous les fidèles ont-ils été très-heureux de le voir reparaître au milieu d'eux ; et ils en ont été d'autant plus heureux qu'il revenait, non plus seul comme la première fois, mais accompagné de deux autres missionnaires du même ordre religieux, les RR. PP. Sébastien et Raphaël.

Ceux qui ont eu l'avantage d'entendre la parole si éloquente de ces trois dignes enfants de Saint François, ont pu apprécier, chacun à leur manière et selon leurs impressions du moment, les différents genres de mérite particuliers à ces pieux missionnaires. Qu'il suffise de constater ici que le Père Dominique, supérieur de la Mission, a produit, comme auparavant, la plus salutaire impression sur la masse de ses auditeurs. Quant au P. Sébastien, il a touché et remué profondément la plupart des hommes dont son auditoire était, pour l'ordinaire, exclusivement composé. De son côté, le P. Raphaël, qui était chargé spécialement des instructions du matin, a fait preuve d'une science théologique vraiment admirable, et a su mettre à la portée des plus humbles intelligences les enseignements les plus relevés de la doctrine catholique.

Nous voudrions pouvoir analyser ici tous les discours ou instructions si solides et si pathétiques de ces trois RR. PP. Capucins. Mais ce serait les affaiblir et n'en donner qu'une idée fort incomplète. Toutefois, il est bon de signaler principalement les deux sermons du P. Dominique sur le *défaut de réflexion par rapport aux choses du salut*, et sur *l'obligation de sanctifier le dimanche.* Parmi ceux du P. Sébastien, on peut noter surtout les trois sermons sur *l'indifférence pratique en matière de religion*, sur *l'existence d'un enfer éternel*, et sur *la confession*. Pour ce qui est des instructions plus familières du P. Raphaël, on peut rappeler spécialement son exposé succinct des *rapports de Jésus-Christ avec les figures de l'ancienne loi*, et ses réflexions sur *l'utilité de la communion fréquente.* Du reste, ce qui prouve bien jusqu'à quel point ces trois prédicateurs avaient réussi à intéresser leurs auditeurs, c'est l'affluence si considérable des personnes de toutes conditions qui venaient se presser chaque jour autour de la chaire, et faire regretter souvent que les nefs, pourtant si vastes, de la belle basilique de Saint Julien, ne fussent pas suffisantes pour contenir cette foule aussi recueillie qu'empressée à venir écouter la parole de Dieu.

Ce qui contribuait aussi à augmenter cette affluence si consolante pour le cœur de M. le Curé, c'est que nos dignes missionnaires, qui recherchent uniquement dans toutes leurs missions la gloire de Dieu et le salut des âmes, mettaient en œuvre toutes les pieuses industries de leur zèle pour obtenir cette noble fin. Et voilà pourquoi la paroisse qu'ils évangélisaient a eu le bonheur de jouir de diverses cérémonies fort touchantes, qu'il importe de relater selon l'ordre de leur date.

La première de ces cérémonies a été la procession des enfants qui n'ont pas encore fait leur première communion. Elle a eu lieu dans l'après-midi du dimanche 8 décembre. Le défilé de ces jeunes enfants, qui étaient au nombre de six cents pour le moins, a offert le plus gracieux spectacle à l'immense foule qui les contemplait avec le plus vif intérêt; car ils s'avançaient tous en bon ordre, et portant chacun un petit oriflamme rose ou bleu, sur lequel était peinte l'image de *Marie bénissant les petits enfants.* Après avoir parcouru les principales rues et places publiques, cette petite troupe, si charmante par sa candeur et ses grâces enfantines, est revenue se ranger au milieu de la grande nef de l'église paroissiale et a salué la statue de la sainte Vierge en inclinant ses petits oriflammes, comme pour en faire hommage à Marie. Alors le R. P. Dominique, revêtu d'une chape en drap d'or, bénit du haut de la chaire tous ces petits drapeaux, et consacra à la sainte Vierge tous les jeunes enfants, après leur avoir adressé une courte allocution, dans laquelle il appela toutes les bénédictions divines sur eux et sur leurs parents. Certes, ce moment eut quelque chose de vraiment solennel et d'attendrissant pour toute la population, rassemblée en masse très-compacte autour de ces enfants, et qui assistait pour la première fois à une cérémonie de ce genre. Chacun sentait comme instinctivement que c'était là le triomphe de l'innocence, et que ces jeunes enfants attireraient du ciel les grâces les plus abondantes pour la conversion d'un grand nombre d'âmes. Pour compléter le récit de cette cérémonie, qui laissera de si doux souvenirs, il est bon de rappeler qu'elle avait été précédée d'une petite retraite de trois jours, durant laquelle le P. Dominique avait su admirablement captiver l'attention si mobile de ces jeunes intelligences, par des conférences très-simples et habilement parsemées de petits traits d'histoire. Retraite qui s'était terminée, à la très grande satisfaction des parents, comme des enfants, par une distribution publique de petits livres et et d'images aux enfants les plus méritants, et de petites médailles à tous sans exception.

Le lendemain de la procession dont nous venons de parler, c'est-à-dire, le lundi 9 décembre, une nouvelle cérémonie en l'honneur de la Sainte-Vierge avait lieu entre 7 et 8 heures du soir dans l'église paroissiale. Un trône décoré aussi élégamment que possible, était dressé au milieu du chœur, et au sommet de ce trône, paraissait la statue de Marie couronnée d'un diadème de lumières figurant les douze étoiles dont parlent les Livres Saints. Plus de mille bougies disposées avec beaucoup d'art et de grâce étincelaient autour de cette image de la Mère de Dieu; et leur éclat, qui donnait à cette partie de l'église un aspect féérique, ravissait tous les spectateurs de telle sorte qu'ils ne pouvaient en détacher leurs regards. Les nombreux fidèles qui avaient porté leur offrande pour cette splendide illumination, étaient heureux d'avoir contribué à la magnificence d'une telle pompe, et chacun d'eux se sentait amplement dédommagé du petit sacrifice qu'il s'était imposé pour honorer la Vierge très-pure, dont on célébrait ce jour-là même l'Immaculée Conception. Mais ce n'eût été là qu'un vain spectacle pour les yeux de la foule, qui remplissait toute l'église, si la parole inspirée d'un missionnaire ne fût venue exciter dans les cœurs les sentiments de dévotion qui sont dus à Marie. C'est pourquoi le R. P. Dominique adressa à son immense auditoire, remarquablement recueilli, une magnifique allocution sur le *pouvoir et la bonté* de la Sainte-Vierge, et développa à ce sujet des considérations très-frappantes, qu'il termina par une formule de consécration à la Reine du Ciel.

Le vendredi suivant, 13 décembre, vers les sept heures du soir, une autre illumination non moins brillante que la première, attirait encore dans l'église paroissiale une foule encore plus nombreuse peût-être que celle du lundi précédent. Il s'agissait, ce soir là, de faire *amende honorable* à Notre-Seigneur Jésus-Christ réellement présent dans le sacrement des autels. A cette fin, le R. P. Sébastien exposa dans un langage plein de force et d'onction, l'amour du Fils de Dieu pour les hommes dans l'institution de la divine Eucharistie, et les différentes sortes d'outrages qui lui sont faits dans cet adorable sacrement. Puis, se mettant à genoux avec son auditoire, il prononça d'une voix très-intelligible pour les auditeurs les plus éloignés, et avec un accent singulièrement expressif, une prière fort touchante, dans laquelle il demandait pardon pour toutes les irrévérences et les profanations commises par tous les pécheurs de la paroisse contre le Dieu qui s'est fait le captif des hommes en résidant dans les sacrés tabernacles. Cette amende honorable, commencée par l'exposition du Saint Sacrement, sur un trône brillamment illuminé, fut dignement terminée par un Salut solennel et par le chant de cantiques appropriés à la circonstance.

Puisque nous parlons de cantiques, il est juste de rappeler le pieux et noble empressement avec lequel un assez grand nombre d'hommes et de jeunes gens ont répondu à l'invitation du P. Dominique à s'organiser en chœur pour tout le cours de la mission. Toutes ces voix viriles produisaient une émotion profonde, et sans doute bien des cœurs ont trouvé dans leurs chants énergiques et pleins d'animation le moteur mystérieux et puissant qui a déterminé leur retour à Dieu. Il est juste aussi de payer un tribut d'éloges au chœur de chanteuses, recrutées dans les deux congrégations de filles et de domestiques. Soit qu'elles chantassent seules, soit qu'elles le fissent alternativement avec le chœur des chantres, elles se sont fait remarquer par la douceur et l'harmonie de leur chant.

Une autre cérémonie très-propre à produire les plus salutaires impressions, c'est la procession qui s'est faite au cimetière, le lundi 16 décembre, et qui a été précédée d'une messe solennelle pour tous les défunts de la paroisse. Plus de 2,000 personnes formaient cette procession, et elles ont écouté avec une vive émotion le sermon sur *la mort*, que le R. P. Dominique leur a fait entendre du haut d'une chaire placée au centre du cimetière.

Telles sont les diverses cérémonies par lesquelles les RR. PP. Capucins préparaient la paroisse de Brioude à *gagner la mission*, selon le langage vulgairement reçu. Tout cela, en effet, n'avait d'autre but que la communion, qui est comme le gage et le sceau de la réconciliation avec Dieu et des grâces résultant de cette réconciliation. Si ce but n'est point obtenu, une mission ne peut être qu'une chose vaine. Mais on ne peut pas dire que la mission de Brioude a été inutile. Elle a eu, au contraire, des résultats si heureux qu'ils ont dépassé toutes les espérances. Plus de deux mille femmes de la paroisse, sans compter les étrangères, se sont présentées à la Table sainte, le troisième dimanche de l'Avent, jour fixé pour leur communion générale. Quant aux hommes, ils étaient aussi très-nombreux à la Table sainte au jour qui leur avait été assigné. Ils s'y présentaient au nombre de *mille*, à peu près, le dimanche 22 décembre, et l'on remarquait facilement en eux une modestie et un recueillement des plus exemplaires. On voyait clairement sur le visage de tous qu'ils comprenaient bien la grande action qu'ils faisaient en recevant le Dieu du Ciel. C'était, d'ailleurs, pour la plupart d'entr'eux, un véritable acte de courage qu'ils accomplissaient; car ils avaient triomphé du respect humain, cette peur si étrange, qui asservit malheureusement un si grand nombre d'hommes dans les villes peu populeuses, et que le citoyen honorable peut néanmoins surmonter facilement, surtout quand il le veut bien. Cette communion si édifiante et si solennelle avait été précédée d'une allocution entraînante du P. Sébastien, et elle fut dignement couronnée, comme celle des femmes, par la bénédiction papale, que le supérieur de la Mission leur donna du haut de la chaire.

La Mission était dès lors censée terminée. Mais pour que le souvenir en fût perpétué à jamais dans la mémoire des habitants de la paroisse, une dernière cérémonie semblait nécessaire : c'était la cérémonie toujours si majestueuse et si attendrissante de la *plantation d'une Croix*, ainsi que cela se pratique dans toutes les grandes missions. Une cérémonie de ce genre était, d'ailleurs, d'une convenance toute particulière pour la ville de Brioude. Car depuis que le vandalisme sacrilège de 1793 avait abattu la croix de mission, élevée autrefois sur le Postel, et dont le piédestal avait été, encore longtemps après, l'objet d'une certaine vénération populaire, une nouvelle croix ne l'avait pas remplacée jusqu'ici, ni sur cette place publique, ni sur aucune autre, de telle sorte que tous les cœurs pieux étaient douloureusement attristés de cette absence si regrettable du signe auguste de notre salut, dans l'intérieur d'une ville, qui, pourtant se fait gloire, et non sans raison, d'être sincèrement catholique. Aussi la population presque tout entière soupirait-elle ardemment après le jour où il lui serait donné de voir réparer, par la plantation solennelle d'une autre croix, l'odieux attentat commis contre l'ancienne. La clôture de la grande Mission de cette année était donc une circonstance, une occasion on ne peut plus favorable pour accomplir cette œuvre de réparation. Il est vrai, on a pu craindre, pendant quelques jours, de ne pouvoir réussir à lever certains obstacles. Mais heureusement toutes les difficultés ont pu disparaître assez à temps, et M. le Curé s'est hâté de prendre toutes les mesures nécessaires pour réaliser le vœu général de ses chers paroissiens, et l'un des désirs les plus ardents de son propre cœur si éminemment pastoral.

La cérémonie de la plantation de croix fut fixée pour le saint jour de Noël. Et en effet, ce jour là, à deux heures de l'après-midi, une procession extraordinairement nombreuse commençait à défiler lentement à travers les principaux quartiers de la ville, et suivait un parcours un peu plus long que celui des grandes processions ordinaires. On y avait admis, par exception, un grand nombre de personnes étrangères à la paroisse, ou ne faisant point partie des congrégations ni des communautés religieuses. Outre les élèves des Frères de l'école chrétienne communale, il y avait un assez grand nombre d'hommes et de jeunes gens, parmi lesquels plus de cent étaient destinés à porter la Croix de Mission. Ceux-ci étaient tous décorés d'une petite croix suspendue à un ruban rouge, et ils étaient partagés en quatre ou cinq sections de 25 hommes chacune. Ils paraissaient tous très-fiers de la noble et sainte fonction qui leur avait été dévolue, et qu'ils avaient sollicitée eux-mêmes avec le plus louable empressement. Le fardeau était lourd, mais ils semblaient tous le porter avec une joie qui le leur rendait moins accablant. C'était une croix en fonte bronzée, et elle reposait sur un long et solide brancard, dont la tête était ornée de satin, avec cette inscription en lettres d'or : *O crux, ave, spes unica.* Ses côtés étaient revêtus d'une riche garniture en damas rouge et en tarlatane, relevée par des embrasses de soie et des crépines d'or, et charmant tous les regards par son agencement plein de goût. Il est impossible d'exprimer tout ce qu'il y avait de saisissant et de délicieusement émouvant dans le spectacle vraiment magnifique de ce brancard et surtout de cette croix avec son Christ. On ne pouvait s'empêcher de verser des larmes d'allégresse, en la voyant s'avancer majestueusement au son harmonieux de la musique des enfants des Frères, au chant des cantiques des divers chœurs, placés de distance en distance, et au bruit de ces acclamations si souvent répétées : *Vive la croix* !

A peine la Croix de Mission fût-elle arrivée sur la place dite du Cimetière, qu'on s'empressa de l'élever et de la fixer solidement sur son piédestal provisoire. Opération qui émut très-profondément tous les spectateurs ; car elle leur rappelait sensiblement un grand mystère accompli sur le Golgotha. Cette plantation de la Croix achevée, le R. P. Dominique est monté sur une estrade, dominant toute la foule, qui couvrait toute la place, et qu'on peut évaluer sans exagération à plus de cinq mille personnes ; et du haut de cette estrade il a célébré dans un langage plein de feu, les triomphes et la gloire de la Croix régnant sur le monde. Puis, il a adressé les adieux les plus touchants à la paroisse de Brioude. Monsieur le Curé a donné ensuite sur la place même du Cimetière, et tout près de la Croix, la bénédiction solennelle du Saint-Sacrement ; et c'est ainsi que se sont terminés les pieux exercices de la Mission qui durait depuis le 1er Décembre.

En finissant ce trop pâle récit, nous ne dirons pas seulement que la Mission de 1861 laissera dans toute la population de Brioude des souvenirs qui dureront longtemps, mais nous exprimerons aussi la douce espérance qu'une mission, si remarquable à tant de titres et déjà si féconde en fruits de salut, aura dans un avenir prochain des conséquences de plus en plus consolantes pour son digne et zélé Pasteur.

Brioude, le 26 décembre 1861.

L'abbé Gibert.

VIVE JÉSUS !
VIVE LA CROIX !

Avis important.

Nous croyons utile de prévenir nos lecteurs que M. le Curé de Brioude se propose de solliciter prochainement auprès du Saint-Père des indulgences particulières, en faveur de toutes les personnes qui prieront devant la Croix de Mission, ou qui, du moins, lui donneront, en passant, quelques marques de respect.

(Note de l'auteur.)

Sur notre demande, M. Gallice, éditeur de ce Souvenir de la Mission, a bien voulu consentir à ce qu'il soit vendu 10 centimes, et *au profit des pauvres.*

Toutes les personnes qui se procureront ce récit coopéreront donc, par là même, à une bonne œuvre si nécessaire, surtout pendant la saison rigoureuse.

(Note de M. le Curé de Brioude.)

www.ingramcontent.com/pod-product-compliance
Ingram Content Group UK Ltd.
Pitfield, Milton Keynes, MK11 3LW, UK
UKHW020500220726
13923UKWH00006B/2669

9 782019 224400